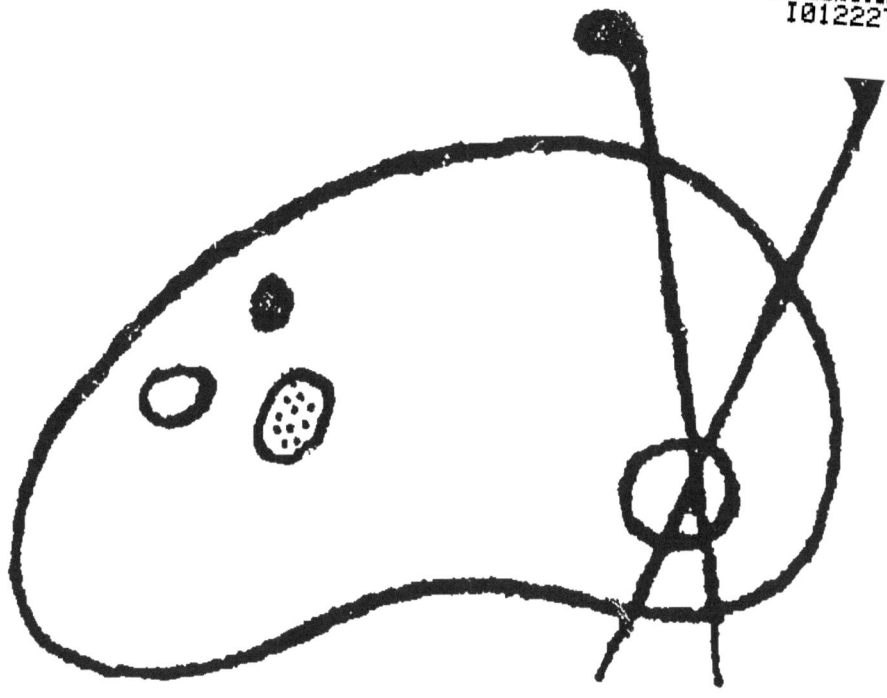

Début d'une série de documents
en couleur

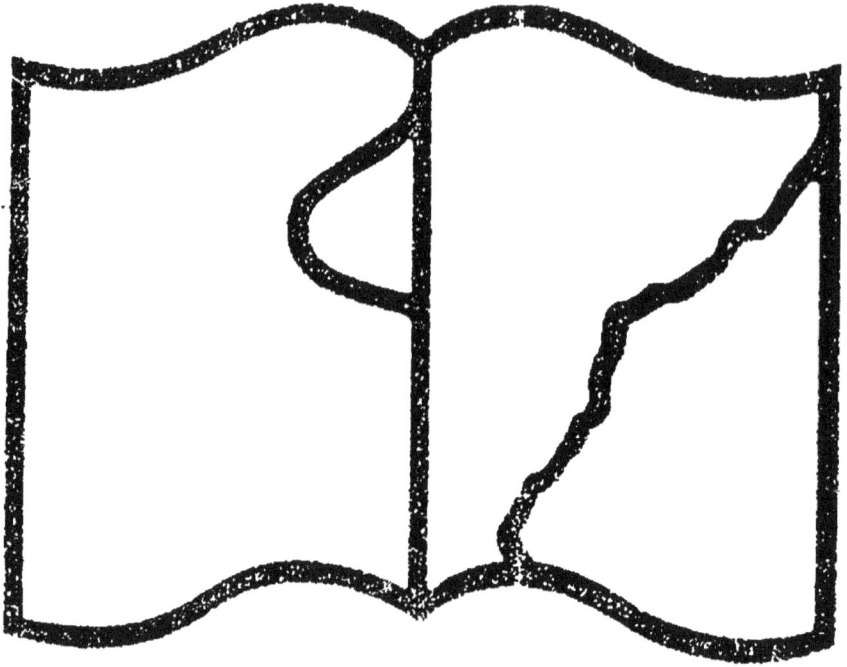

Texte détérioré — reliure défectueuse

NF Z 43-120-11

UNION DOUANIÈRE

AGRICOLE

DU

CENTRE DE L'EUROPE

PAR

Le Comte PAUL DE LEUSSE

DEUXIÈME ÉTUDE

1890

PARIS

ÉMILE BOUILLON, ÉDITEUR

67, RUE RICHELIEU, 67

1890

CHALON-SUR-SAÔNE, IMPRIMERIE DE L. MARCEAU

Fin d'une série de documents
en couleur

UNION DOUANIÈRE

AGRICOLE

DU

CENTRE DE L'EUROPE

PAR

Le Comte PAUL DE LEUSSE

DEUXIÈME ÉTUDE
1890

PARIS

ÉMILE BOUILLON, ÉDITEUR
67. RUE RICHELIEU, 67

1890

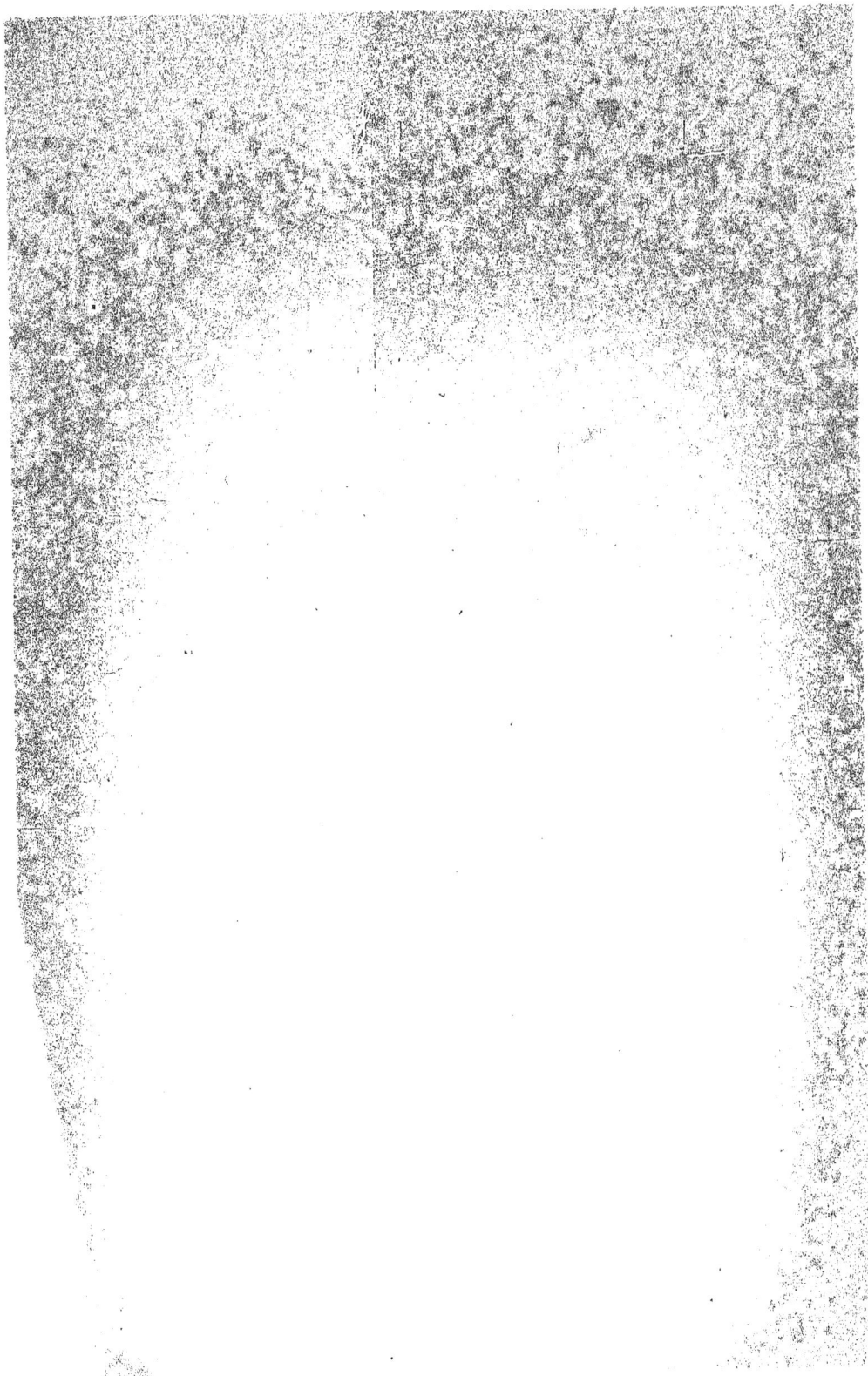

UNION DOUANIÈRE AGRICOLE

DU CENTRE DE L'EUROPE

CHAPITRE PREMIER

J'ai fait paraître en 1888 une brochure intitulée *La Paix par l'union douanière franco-allemande.*

Cette brochure a attiré l'attention de la Presse d'une façon qui m'a causé autant de surprise que de plaisir. On a pu voir que les questions économiques vitales commencent à passionner le grand public et sortent du petit cercle des hommes spéciaux ou elles se cantonnaient jadis.

Mes idées ont été souvent approuvées, mais j'ai aussi été souvent traité d'utopiste pour la partie économique de mon travail, et plus sévèrement encore quelquefois pour la partie politique.

J'ai été, entre autre, accusé d'être un mauvais français. Je ne relèverai jamais cette accusation qui, selon moi, tombe devant l'honnêteté de ma vie et de ma personne sans pouvoir m'atteindre.

Je désire, il est vrai, voir la paix régner entre mon pays, que j'aime par dessus tout, et l'Allemagne où j'ai de bons amis; mais ce désir est, selon moi, conciliable avec le patriotisme le plus ardent, et je travaillerai ouvertement à sa réalisation tant que je pourrai tenir une plume.

Les citations qui terminent cette brochure et qui sont prises dans une foule de journaux de tous les pays et de tous les partis montrent que ce désir de la paix

1

est universel; ils montrent aussi que bien des esprits
sentent que l'Europe doit se solidariser, se syndiquer,
et que ce n'est pas trop d'une union des grands états
pour lutter contre les deux Amériques qui nous préparent
un réveil terrible et une ruine agricole, industrielle et
financière complète.

Encouragé par certaines bonnes volontés venues de
France et d'Allemagne et par de hautes personnalités
des deux pays, j'ai continué ma campagne douanière,
abandonnant complètement toutes visées politiques.

Il fallait saisir le public agricole d'une question vitale
pour lui et j'ai pensé le faire en déposant sur le bureau
de la Société des Agriculteurs de France le vœu dont on
lira le texte dans ma lettre au comte de Mirbach.

J'ai trouvé, parmi les hommes qui dirigent cette Société,
des esprits très élevés, des intelligences très ouvertes,
qui ont accueilli mon idée avec sympathie. Tous n'ont
point été de suite de mon avis, mais tous ont dit : la
question est grosse, il convient à une Société de l'importance de la nôtre de l'étudier avec soin.

A la session de juillet 1889, M. Welche, dans un rapport
lumineux, que je conseille vivement à tous mes lecteurs
de lire et de méditer, a conclu au vœu qu'on lira plus
loin et qui a été adopté par l'assemblée générale de la
grande Société.

Il a insisté avec force sur la tendance qu'ont les
États-Unis à grouper tous les états des deux Amériques
en un vaste zollverein américain qui ôterait à l'Europe
son plus riche marché.

Enfin, pendant que j'écris ces lignes, M. Blaine, le
ministre des affaires étrangères de Washington préside
ce congrès et déploie toutes les séductions pour faire
adopter par le Sud américain sa doctrine protectionniste,
corollaire et extension naturelle, selon lui, du principe
de Monroë : l'Amérique aux américains.

La question une fois posée en France, j'ai, par une
lettre adressée au comte de Mirbach, membre du Reichstag
et de la Chambre des Seigneurs de Prusse, porté à la
connaissance du public agricole allemand mon vœu et la
résolution prise par la Société des Agriculteurs de France
d'étudier la question. On verra que je lui demande de la

faire étudier dans son pays pendant que nous nous préparons à le faire dans le nôtre.

Reichshoffen (Alsace), 11 juillet 1889.

Monsieur le Comte,

Au mois de mars 1888, répondant à une lettre que vous m'aviez fait l'honneur de m'adresser, au sujet de ma brochure *La Paix par l'union douanière franco allemande,* je vous disais que j'allais continuer ma campagne d'union douanière agricole, et que j'espérais mettre cette question à l'étude dans la grande Société des Agriculteurs de France.

Je viens vous dire les résultats que j'ai obtenus et vous prier ensuite d'unir vos efforts aux miens pour que l'étude de la question se fasse parallèlement dans nos deux patries comme votre lettre en exprimait le désir.

Au mois de janvier 1889, j'ai déposé devant le bureau de notre Société le vœu suivant :

VŒU

« Les Pouvoirs publics sont priés d'étudier avec les
» nations du centre de l'Europe un projet d'union douanière
» agricole restreinte aux principaux produits du sol.

» Cette union frappera les produits agricoles de droits
» protecteurs variables et élevés à l'entrée du périmètre des
» états syndiqués dans ce but restreint.

» Elle permettra ainsi aux cultivateurs des vieux pays
» ruinés par les grandes armées et les grandes dettes natio-
» nales de lutter à armes moins inégales contre les produc-
» teurs plus favorisés des pays neufs. »

Ce vœu, discuté dans les sections de Législation et des relations extérieures, a été l'objet d'un rapport détaillé que M. *Welche,* conseiller d'État honoraire et ancien ministre, fit et défendit le 27 juin devant l'Assemblée nationale à Paris avec un talent auquel tous ont rendu hommage.

J'aurai l'honneur de vous envoyer ce rapport dès qu'il sera imprimé.

Une discussion approfondie a suivi la lecture de ce rapport et montre que ce qui préoccupe le plus les agriculteurs français c'est : d'une part, la concurrence transocéanique, de l'autre, le désir de voir notre pays rester entièrement maître de ses tarifs douaniers. Cependant, les avantages d'une entente avec les États européens pour une défense commune ont été appréciés, et la décision suivante votée à une quasi unanimité.

DÉCISION

La Société des Agriculteurs de France,

« Considérant que l'envahissement de nos marchés par
» les produits agricoles venant des contrées transocéaniques
» devient chaque jour plus considérable et menace plus par-
» ticulièrement la production du blé et du bétail ;

» Considérant que cette menace pèse non seulement sur
» la France, mais sur les autres nations de l'Europe, qui,
» sous la pression d'un même danger, ont toutes un intérêt
» pareil à se défendre et à soutenir leur agriculture natio-
» nale. Que ce péril est plus inquiétant par les tendances des
» États-Unis à lier tous les États du continent américain
» par les liens d'une union douanière ;

» Considérant que, s'il est prématuré de solliciter du gou-
» vernement l'étude d'une union douanière européenne dont
» la réalisation actuelle est contradictoire avec les principes
» adoptés par la Société des agriculteurs, il est prudent
» d'étudier la marche et la progression des importations
» agricoles venant d'outremer et de se renseigner exacte-
» ment sur les tendances économiques des États-Unis qui se
» ferment de plus en plus à notre commerce par des mesures
» de protection quasi prohibitives et qui visent ouvertement
» à former entre divers états des deux Amériques un
» *zollverein* américain ;

» Considérant que cet état de choses pourra imposer aux
» nations de l'Europe la nécessité de concerter des mesures
» communes de défense douanière et qu'il est nécessaire,
» dans cette éventualité, de se rendre compte dès à présent
» de la situation économique de chacun des États européens,
» de la possibilité de leur production agricole, du prix de
» revient des produits de la terre dans chacun de ces pays,

» DÉCIDE

» Qu'une commission spéciale sera formée par les soins du
» bureau dès après la clôture de la présente session, pour
» étudier le mouvement et les tendances économiques des
» nations occupant les continents transocéaniques, ainsi que
» la situation comparative de l'agriculture en France et dans

» tous les pays du continent européen, pour, à la suite du
» rapport qui sera fait, formuler les propositions que néces-
» sitera l'intérêt de l'agriculture nationale. »

Notre président, M. le marquis de Dar-pierre, va, avec le
bureau, désigner les membres de cette commission d'étude.
Le rapport devra être présenté cet hiver à la commission et
au printemps de 1890 à l'assemblée générale annuelle de
notre Société.

Il serait fort important qu'une étude semblable fût faite en
Allemagne, et pour arriver à un but pratique, qu'elle tendît à
élucider les points suivants :

A Quel est le tort fait à l'agriculture européenne par les
importations transocéaniques ?

B Quelles sont les charges de la culture dans les deux
pays (Allemagne-France) comparés entre eux : Prix des
terres, — prix des fermages, — prix de la main-d'œuvre, —
impôts fonciers et indirects frappant les produits ou les
personnes agricoles ?

C Quelle est la capacité d'exportation de chaque pays
(France-Allemagne) pour les produits agricoles principaux,
grains, bestiaux, laines, vins, etc. ?

D Y a-t-il entre nos deux pays une parité économique
suffisante pour qu'une union douanière agricole restreinte
s'établisse sans ruiner l'une ou l'autre branche de la production agricole de ces pays, en admettant comme acquis qu'un
tarif protecteur puissant et variable fût appliqué au pourtour
des deux contrées syndiquées ?

Ainsi que vous l'avez vu, nous comptons en France étendre
cette étude à tous les Etats du centre de l'Europe et ne
prendre une détermination qu'après cette étude faite.

Je sais bien que la question est vaste, mais si on ne l'étu-
die pas dans les milieux techniques, jamais les gouvernements n'en seront saisis.

J'ai trouvé chez son excellence le comte de Munster, votre
ambassadeur, M. de Schoen, votre chargé d'affaires et M. de
Schraut, le ministre de l'agriculture du Reichsland, le plus
bienveillant accueil, et ils m'ont procuré des renseignements
statistiques et économiques très précieux.

Il vous appartient maintenant, Monsieur le comte, puisque
le premier, en Allemagne, vous avez fait bon accueil à ma

brochure, de saisir les sociétés agricoles allemandes de la
question, en agissant personnellement près d'elles avec
l'autorité que vous avez dans le monde agricole allemand, et
en me donnant une liste des personnes et des sociétés aux-
quelles je pourrai envoyer utilement une copie ou traduc-
tion imprimée de la présente lettre.

J'ignore quel est le sort réservé à nos efforts dans cette
si importante question, mais je considère, pour ce qui me
concerne, que je fais acte de patriotique prévoyance en cher-
chant le *terrain des intérêts satisfaits* qui peut unir les
peuples du centre de l'Europe dans une entente commune.

Pendant que tant de causes contribuent à la division et à
la ruine des Etats européens, il convient aux propriétaires
agriculteurs de défendre le sol de la vieille Europe contre
l'invasion transocéanique et d'essayer d'unir et de pacifier
les esprits dans leurs patries respectives.

Nous réussirons ou nous échouerons, mais nous n'aurons
pas impunément jeté la bonne semence qui doit produire un
jour la paix en Europe.

Veuillez agréer, Monsieur le comte, la nouvelle expression
de ma considération distinguée.

Comte P. de Leusse.

P. S. — La Société des Agriculteurs de France a été
fondée en 1868; elle renferme huit mille (8000) membres
répartis sur tout le territoire français et algérien. Quatre
cents sociétés départementales agricoles ou comices lui sont
agrégés; de plus, elle est la créatrice de l'union des syndi-
cats agricoles de France qui sont au nombre de 312 et com-
prennent 270,000 adhérents.

Voici donc la question posée, dans les deux pays,
devant ses juges naturels, les agriculteurs, qu'il faut
d'abord convaincre et qui sauront ensuite, je l'espère,
en imposer l'étude et la solution à leurs gouvernements
respectifs.

Je vais maintenant, sur deux points spéciaux, répondre
à l'objection qui m'est faite en France et aux réserves
faites par la Société des Agriculteurs. Mais avant de
formuler ces objections et d'y répondre, je tiens à faire
une observation préliminaire.

Pour qu'une mesure, en somme factice et allant contre le courant naturel des choses, soit efficace, il faut qu'elle s'applique à une *Area* aussi étendue que possible.

Que chacun de nous prenne par la pensée le canton qu'il habite, qu'il le suppose entouré d'un mur d'octroi de plusieurs mètres de haut avec deux portes et un tarif prohibitif étroit. Il verra sans peine que loin d'avoir aidé au relèvement agricole de son petit coin, il a absolument tué toute industrie agricole. La nécessité des échanges est une loi générale de la nature qui a distribué les centres de productions diverses, selon des lois géographiques et climatériques. Cette loi impose un commerce ayant une certaine étendue.

Si, toujours par la pensée, on étend au département ou à la province ce mur douanier, on verra les difficultés diminuer d'acuité, la vie deviendra possible mais très difficile encore.

On sera revenu aux anciennes législations fiscales des douanes qui ont permis, sous l'ancien régime, les accaparements et ont amené ces disettes dont nos grands parents avaient encore conservé le souvenir.

On arrive ainsi, de proche en proche, à se dire que plus l'espace régi par les lois douanières protectrices est étendu, plus les côtés faibles du système disparaissent.

Où doit s'arrêter cette étendue ?

Aux limites des pays placés par leur climat, par leur sol, par leur situation politique et sociale dans des conditions peu différentes du milieu moyen qu'il s'agit de faire prospérer.

Quel est pour nous français ce milieu moyen en dehors de notre territoire ?

Evidemment l'Allemagne, l'Autriche (de ce côté de la Leitha), la Suisse, la Belgique et la Hollande.

Hors de ces limites du centre européen, les conditions de la vie, de la culture, de la production changent.

Dans ces limites les conditions sont sinon identiques, ce qui n'est jamais possible, au moins analogues.

CHAPITRE II

La résolution de la Société des Agriculteurs de France
contient cette phrase :

« Considérant que s'il est prématuré de solliciter du
» gouvernement l'étude d'une union douanière euro-
» péenne dont la *réalisation actuelle* est en *contradiction*
» avec les *principes adoptés* par la Société des Agricul-
» teurs, il est prudent d'étudier….. »

Dans la discussion générale, M. Severin s'est exprimé
ainsi :

« *M. Severin* se félicite que les divisions qui existaient
entre deux sections, sur la proposition du Comte de
Leusse, soient aplanies.

» Nous avons toujours craint ce nouveau monde, ses
terres vierges sans loyer et sans impôts.

» L'arrivée de ses produits a marqué l'ère de nos
souffrances.

» Cependant, nous n'aurions pas accepté une union
douanière concédant le libre échange aux nations européennes à l'expiration des traités de commerce qui n'ont
été conclus qu'avec ces dernières.

» Une protection est nécessaire même avec celles-ci.

» Si donc le nouveau monde, qui nous a nui énormé-
ment par sa concurrence, concluait une union douanière,
si les pays nouveaux voulaient accentuer la défense, ce
serait le moment, non de reculer en arrière, mais
d'adopter ce double tarif, dont il vous a déjà été parlé,
un tarif de guerre plus élevé vis à vis de ces contrées,
tout en maintenant, vis à vis des autres, un tarif suffisant
pour protéger nos intérêts nationaux.

» Nous comptons donc sur la sagesse du conseil de la
Société, à qui est demandé une étude pour donner aux
résolutions nouvelles qui s'imposeraient une direction
dans ce sens.

» Quant aux étrangers non européens, peut-être trouveront-ils une moins-value dans la résiliation de nos traités. Nous tenons à leur dire, comme plusieurs de leurs collègues sont ici : Liguez-vous contre le nouveau monde, vous retrouverez les différences perdues. »

On voit clairement que les agriculteurs français, ruinés par des traités de commerce faits sans eux et contre eux, veulent avant tout voir notre pays retrouver sa liberté de tarifs.

Ils veulent qu'en 1891 nous puissions, par un tarif général douanier, mobile, variable et indépendant, nous garantir de *toute* concurrence étrangère, transocéanique et aussi européenne.

Un de mes anciens collègues au Corps législatif, dont on n'est plus à compter les services rendus à la cause agricole, M. Estancelin, m'écrivait dernièrement :

« Nous nous plaignons de l'entrée (même avec droits) » des bestiaux, des produits allemands de toute sorte, » que serait-ce s'il n'y avait plus aucuns droits. »

Voilà, je crois, l'objection bien clairement exprimée, de trois côtés différents. Pour y répondre, je vais quitter absolument le domaine de la théorie et vais entrer, par une simple hypothèse, dans le domaine des faits et des chiffres.

Je suppose que l'union douanière franco-allemande existe, que le bureau mixte de Francfort, demandé par ma brochure, est établi et qu'un tarif commun, élevé et variable est appliqué au pourtour extérieur des deux grands états du centre de l'Europe.

Ces droits peuvent empêcher et empêcheront, si on veut les élever suffisamment, un produit quelconque étranger au zollverein franco-allemand d'entrer dans ces états syndiqués pour les seuls produits agricoles.

Qu'arrivera-t-il pour les blés et pour le bétail ?

Je me sers pour la statistique allemande de l'ouvrage officiel suivant :

Statistik des deutschen Reichs im Jahr 1888. Berlin, Verlag von Puttkammer und Mühlbrecht 1889.

Il est entré en Allemagne 7,803,956 quintaux métriques de froment,

Il en est sorti 2,902,979 pour divers pays, dont 63,344 pour la France.

Supposons à la frontière du pourtour un droit interdisant absolument l'entrée du blé étranger en France et en Allemagne.

L'Allemagne ayant besoin de 7,803,956 quintaux moins 2,902,979, c'est-à-dire de 4,900,987 quintaux, devra les faire venir de son associée la France.

Mais la France importe (moyenne de 1878 à 1886 d'après A. de Foville) 13 millions de quintaux : donc si le bureau de Francfort avait existé et s'il avait été assez insensé pour fermer entièrement les portes de terre et de mer des deux pays syndiqués, l'Allemagne et la France réunies *auraient manqué* de 13 + 4,900 ou en chiffres ronds de 18 millions de quintaux métriques de froment.

Donc, aucune nation n'aurait pu faire tort à l'autre, puisque chacune aurait manqué dans une très forte proportion de cette denrée de première nécessité.

Donc le bureau de Francfort n'aurait pas agi ainsi. Il aurait, par à peu près, par tâtonnements, par des études spéciales, trouvé le droit suffisamment élevé pour permettre à environ 18 millions de quintaux d'entrer.

Ce droit aurait sans doute oscillé entre 7 et 10 francs le quintal, soit 9, et aurait produit une recette nette pour les deux pays de $18 \times 9 = 162$ millions de francs, savoir : 45 millions pour l'Allemagne et 117 pour la France.

Qui auraient été contents !

Les contribuables français et allemands allégés de 162 millions.

Qui auraient été mécontents ?

Les propriétaires Russes, les fermiers Américains, les Indiens qui auraient *cependant* fourni les 18 millions de quintaux.

Car il *faut* à tous ces producteurs qu'ils exportent à tout prix et ce serait à nos douaniers à ne pas trop tendre la corde fiscale, ce qui arrêterait une importation dont nous avons besoin, mais assez pour que ces braves exotiques nous fournissent ce qui nous manque.

On voit par l'exemple de l'Allemagne, qui perçoit 5 marks, soit 6 fr. 25 de droits, que ce droit n'arrête nullement l'importation des pays producteurs chez elle.

Si, l'année suivante, le bureau de Francfort avait été avisé par les statistiques des deux pays que la production de la France et de l'Allemagne, excitée par de meilleurs prix, avait augmenté de 5 millions de quintaux, par exemple, il se serait dit : il nous fallait 18 millions de froment, nos pays en ont produit 5 millions de plus, n'en laissons entrer que 13 millions et pour cela élevons notre droit de 1 ou 2 francs, mettons-le à 10 ou 11 fr.

En un mot, avec ce pouvoir discrétionnaire, le bureau de Francfort suivrait pas à pas les efforts des cultivateurs des deux pays, modérant ou augmentant les droits selon que la culture du froment augmenterait en rendement soit par suite de plus grandes cultures, soit par suite de meilleurs rendements. Les douanes deviendraient ce qu'elles doivent être : un aide pour l'industrie nationale et un moyen de faire payer aux étrangers une partie de nos lourdes charges publiques.

~~~~~

Passons maintenant au bétail et ne parlons que des bœufs et des moutons.

Mais avant d'aborder les chiffres, je dois faire observer qu'une taxation bien faite sur les abats, peaux, cornes, suifs, sur les produits accessoires du bétail, lait, fromage, beurre, laines, doit accompagner les mesures que je préconise et faire gagner indirectement au moins le cinquième, soit 20 pour cent sur chaque tête de bétail à nos cultivateurs (voir dans les citations de ma brochure l'explication du cinquième quartier).

Il est entré en Allemagne et il en est sorti dans l'année 1887, dont j'ai la statistique sous les yeux :

	Entrées	Sorties
Vaches	74.110	21.009
Taureaux	2.213	4.161
Bœufs	11.267	38.308
Moutons	6.038	1.209.716

Si, maintenant, nous entrons dans le détail. nous voyons que, sur ces chiffres, le commerce avec la France se chiffre comme suit :

	L'Allemagne a reçu de France	Elle a expédié en France
Vaches.	9.983	682
Taureaux	179	163
Bœufs	6.564	1.800
Moutons	315	460.000

Pour la France, j'ai malheureusement à ma disposition des chiffres autrement groupés ; mais, tels que je les ai, voici ce qu'ils disent :

Nous recevons en moyenne, depuis 1882, annuellement, 176,000 bêtes à cornes de toutes provenances et nous en exportons 60,000 en tous pays par an ; nous recevons 2 millions de moutons par an et nous en exportons 25,000.

Supposons l'union douanière existant, portons au pourtour les droits protecteurs à l'extrême, c'est-à-dire rendons-les, par leur élévation, prohibitifs ; qu'arrivera-t-il ?

Les Allemands reçoivent, France non comprise, $(87,590 — 16,725) = 70,824$, et en exportent, France non comprise, $(63,478 — 2,645) = 60,000$.

Autrement dit, leur importation égale presque leur exportation, si on ne compte pas la France. Supposons que les tarifs nouveaux portent les nations voisines à une certaine réciprocité, ce qui n'est pas d'ailleurs prouvé, et que l'exportation baisse de moitié ; au lieu d'exporter 60,000 têtes ils n'exporteront que 30,000, toujours France non comprise. Ils reçoivent 70,000 têtes, il ne leur en faudra plus que 40,000 ; ces 40,000 têtes de gros bétail, ou ils les produiront eux-mêmes en développant leurs cultures fourragères ou ils les feront venir de France.

Voyons maintenant ce qui arrivera en France :

Nous recevons 176,000 bêtes à corne, dont (2,645) d'Allemagne, donc, en chiffres ronds, nous recevons 173,000 bêtes à corne.

Nous en exportons 60,000, dont 16,000 en Allemagne, 44,000 dans les autres pays. En admettant que, par mesure de réciprocité, nous perdions la moitié de cette exportation, soit 22,000, il nous faudrait pourvoir à une demande nouvelle de 173,000 — 22,000 = 151,000 têtes de gros bétail.

Donc, l'Allemagne et la France auront à produire 200,000 têtes de bétail en plus, ce qui, à 500 francs par tête, donnerait 100 millions de francs aux agriculteurs des deux pays à se partager. Si on admet le chiffre de 13 millions pour la population bovine de la France, on verra que ce surcroît de production sera non seulement possible mais facile à obtenir par une culture fourragère mieux entendue.

Il faudrait maintenant, tableaux en mains, chercher ce qui entre de salaisons, de conserves, de viandes fraîches ou gelées dans les deux pays : supposer cette entrée en majeure partie supprimée et calculer le nombre d'animaux qu'il faudrait produire en plus pour satisfaire à cette nouvelle demande.

On trouvera un chiffre très respectable et on acquerra alors la conviction que la culture des deux pays ayant à produire plus de bétail, le vendant plus cher, gagnant sur les abats et les produits accessoires, deviendra de ce chef prospère.

Chacun sait en effet qu'un bœuf ou une vache ne rapportent pas seulement leur viande le jour où on les tue. Les deux rendent une somme considérable en fumier qui vient augmenter le produit des cultures.

200 mille bêtes de plus, c'est 100 mille hectares de plus abondamment fumés et produisant ce qu'ils ne peuvent produire maintenant faute d'engrais. 100 mille vaches de plus, c'est à 300 fr. par vache (lait et veau compris) 30 millions de recettes de plus pour les agriculteurs.

On peut dire, sans crainte d'être taxé d'exagération, que de ce seul chef du bétail à cornes, c'est au moins 130 millions de gagnés, sans compter le 20 % sur tout le bétail dont j'ai déjà parlé, et sans compter les 100 mille hectares dont la production serait doublée en étant bien fumés.

∼∼∼

Si je craignais les objections, j'éviterais, en France, de parler des moutons, car, pour nous, c'est là le point faible de l'opération ; mais je suis de ceux qui pensent qu'il y a toujours des ombres à un tableau et qu'il faut de suite parler de ces ombres.

Les statistiques que je possède montrent le mal mais pas aussi grand qu'il est, car l'importation des moutons allemands par wagons, glacières, augmente chaque jour. Les chiffres que je donne auront donc à être forcés à notre détriment selon toute probabilité, dès m.. tenant et plus tard encore.

L'Allemagne importe 6,000 moutons dont 315 de France.

Je commence par dire que ce chiffre est complètement en désaccord avec tout ce que les agriculteurs autrichiens m'ont dit, et s'il fallait opérer sur les données que j'ai là, je demanderais des explications et des vérifications.

Tels que sont ces chiffres, on peut dire que l'Allemagne ne reçoit pas de moutons étrangers.

L'Allemagne en exporte :

Par Hambourg.	154,000
En Belgique.	220,000
En France.	460,000
En Angleterre.	282,000
Au Pays-Bas.	73,000
Divers.	18,000
	1,207,000 moutons.

Nous sommes là devant un gros chiffre, et qui augmentera, parce que les circonstances naturelles du sol sont, dans toute l'Allemagne, sauf dans la vallée du Rhin, favorables à l'élevage du mouton.

Il est peu probable que, même avec des mesures de réciprocité, les chiffres que je viens d'indiquer varient beaucoup; nous nous trouvons là devant une vraie supériorité des Allemands.

Si cependant leur importation hors de France diminuait de 200 mille moutons, ce que je ne crois pas, ils auraient à nous envoyer 660 mille moutons, chiffre énorme. En France, les progrès de la petite culture mènent à la *dépécoration* ou décroissance de la population ovine, signification de ce mot affreux.

Il y a là, avant les raisons douanières, une cause naturelle qui continuera à agir, parallèlement à d'autres, et dont il faut tenir grand compte. Nous exportons le chiffre insignifiant de 30 mille moutons et nous importons 2 millions de moutons de l'étranger.

L'Allemagne nous en fournissant 600 mille, elle aurait, si nos frontières étaient fermées, à nous en fournir 1,400 mille de plus, ce qui lui serait à peu près impossible, même en admettant qu'elle développe sa production à l'excès.

Donc, pour ce produit où nous sommes en infériorité évidente, on peut dire qu'en mettant tout au plus haut, le mal est fait et n'est plus à faire.

L'Allemagne gagnera de ce fait entre 50 et 60 millions, c'est incontestable, mais nous ne perdrons rien car les autres pays étant fermés et l'Allemagne ne pouvant certainement pas suffire à nos demandes, nos cultivateurs auront, à coup sûr, quelques cent milles moutons à produire de plus, ce qui en Beauce et en Brie leur sera fort utile. En outre les Allemands, maîtres du marché, feront hausser les prix et nos cultivateurs rattraperont, je crois, quelques millions de ce chef.

Donc, pour le point où nous sommes les plus faibles, il n'y aura pas même de perte parce que notre demande est si énorme que les Allemands, quelle que soit leur augmentation de production, ne pourront pas y suffire.

Les renseignements verbaux que m'avaient donnés des agriculteurs autrichiens me faisaient croire que la Hongrie envoyait en Allemagne beaucoup de moutons. Je m'étais alors dit : si le bureau de Francfort empêche 100 mille moutons autrichiens, par exemple, d'entrer, ce seront 100 mille moutons de moins que les Allemands pourront exporter en France.

Mais les statistiques si bien faites que j'ai entre les mains ne parlent nullement de l'entrée de moutons hongrois en Allemagne ; je suis donc obligé de n'en pas tenir compte.

Je fais cependant cette réserve pour engager ceux qui étudieront la question dans ses détails, à vérifier dans les statistiques autrichiennes les chiffres d'exportation de moutons par les frontières allemandes.

On verra qui a raison des agriculteurs autrichiens qui m'ont parlé ou des statistiques allemandes.

2

Je limite mes exemples à ceux que je viens d'indiquer, un travail complet ne peut être fait qu'avec des moyens d'informations précises que je n'ai pas au fond de mon village alsacien, et doit s'étendre à *tous les produits* du sol et à *tous les pays* du *zollverein futur*, mais les chiffres que j'ai donnés prouvent de la façon la plus indiscutable que nous aurons à fournir plus de blé que nous n'en pouvons produire, que nous aurons à développer notre production bovine dans une forte proportion et à notre avantage.

Que nous resterons pour notre production ovine dans le statu quo; seulement nous vendrons nos moutons et nos laines plus cher.

Il faudra faire le travail que je viens d'esquisser pour tous les produits et l'on verra que la parité des forces productrices des deux pays est suffisamment égale pour que l'une ne tue pas l'autre économiquement parlant.

Sauf dans la vallée du Rhin et dans celle du Danube, l'Allemagne est une terre de sable. Le sol est d'une qualité inférieure à celui de la France et il faut la supériorité agronomique des allemands pour tirer du Brandebourg, de la Poméranie, de la Pologne et de la Prusse orientale ce qu'ils en tirent.

Les circonstances climatériques sont pour nous, car nous avons dans le Midi le travail possible toute l'année dans les champs.

Dans le Centre certainement trois mois de plus qu'en Allemagne et partout un mois. Au point de vue du bétail, l'Ouest a au moins soixante ou quatre-vingt-dix jours de pâturage naturel de plus que dans aucune partie de l'Allemagne.

Enfin, nos charges sont à peu près égales.

La plus lourde de toutes, l'impôt du sang, est la même, le *tout à la caserne* a triomphé en Allemagne avant de nous être imposé en France par nos défaites de 1870. Sous ce rapport nous sommes également mal partagés. Toutes les forces vives des deux pays perdent trois ans de leurs meilleures années à apprendre à tuer leurs semblables.

Cela s'appelle le progrès, et ce progrès est égal dans les deux pays.

Nous payons un peu plus d'impôts que les Allemands, mais cela est plus que compensé par les qualités de notre sol et les avantages de notre climat.

Nous avons une instruction agricole très inférieure à celle des Allemands, c'est incontestable, et toutes les missions ou commissions d'études, envoyées de France en Allemagne, ont été frappées de cette infériorité.

Mais il ne dépend absolument que de nous d'y remédier. Nous n'avons qu'à créer des établissements d'instruction, convenant à nos diverses régions, et à les multiplier suffisamment ; notre population agricole aura alors tout ce qu'il lui faut pour apprendre son métier qu'elle ignore généralement.

Notre climat, outre les avantages de travail et de pâturage qu'il donne, nous permet une diversité de culture qui, considérée de haut, est un bénéfice considérable; plus on produit d'articles divers, plus le marché est étendu, moins les cataclismes sont à craindre, la division des risques étant plus grande.

Notre vignoble, nos huiles, nos maïs, nos vers à soie, voilà des produits où nous primons les Allemands uniquement par notre position géographique.

Une objection que j'ai gardée pour la fin m'a été souvent faite. La main-d'œuvre est moins chère en Allemagne qu'en France et cela permettra aux Allemands de nous inonder de leurs denrées produites à moindres frais.

J'ai étudié cette question avec un certain soin et j'ai pu me convaincre qu'il y avait là une illusion d'optique.

D'abord le prix de la main-d'œuvre s'élève dans toute l'Allemagne d'une manière constante depuis 1871.

Le choix du marck au lieu du franc comme unité monétaire n'est pas étranger à cette croissance.

En outre la guerre de 1870 a donné à nos vainqueurs des habitudes et des goûts de bien-être qu'ils ne connaissaient pas et ont forcément fait s'élever le prix de la vie par suite de la main-d'œuvre qui en est un des facteurs importants.

Mais pour préciser et entrer dans les chiffres, je dirai que des agriculteurs français m'ayant parlé de journaliers agricoles allemands à 80 pfennings par jour, soit 1 franc, j'ai voulu en avoir le cœur net et voici ce que j'ai appris :

Ce prix n'existe que dans les grandes propriétés du nord et de l'est de l'Allemagne et voici comment :

D'abord, pendant les moissons, on leur donne des suppléments proportionnels pour les heures de travail supplémentaires.

Mais, les ouvriers des grands domaines ne sont pas des journaliers comme chez nous, ils demeurent dans des maisons appartenant à la terre, ils sont logés eux et leur famille.

Ils ont la nourriture de deux vaches, dont les veaux et le produit est à eux. Ils peuvent nourrir quatre à cinq cochons.

Ils ont leur bois de chauffage fourni par le domaine.

Ils ont le onzième du seigle qu'ils battent, environ cinq quintaux métriques ; le onzième des pommes de terre qu'ils rentrent, soit douze cheffels, environ 500 kilos.

Ils doivent, par contre, donner le travail de deux grands enfants qui sont payés 60 pfennings ou 75 centimes.

On voit que ce ne sont pas des journaliers au terme français du mot et que ces ouvriers agricoles sont plutôt des domestiques à l'année, payés en grande partie en nature.

Dans le Hanovre, les ouvriers du grand duché de Posen, qui viennent y faire les travaux en été, reçoivent 2 marks par jour, soit 2 fr. 50, sont logés et ont du bois pour faire leur cuisine.

C'est donc une fantasmagorie que de parler de travailleurs à un franc par jour qui doivent nous ruiner par ce bon marché excessif.

━━◆◆◆━━

J'ai montré quelques points de vue de la grosse question à laquelle je me suis attelé depuis deux ans ; je crois que plus on l'étudiera, plus on sera convaincu que les deux nations peuvent s'entendre sur le terrain des *intérêts agricoles communs satisfaits*. La question va être examinée sérieusement en France ; je ne doute pas qu'elle ne le soit aussi en Allemagne.

Elle doit l'être conjointement avec celle du Bimétallisme, que je me réserve de traiter plus tard. J'espère qu'il résultera de toutes ces études la conviction dans les deux mondes agricoles que l'union est non seulement désirable, mais possible, qu'elle seule peut éviter à l'Europe la ruine de son agriculture et qu'elle est le *plus puissant moyen de pacification pratique* qu'il soit au pouvoir des hommes d'employer.

J'ignore ce que les meneurs de peuples, les grands politiques désirent et préparent, je ne suis pas dans leurs secrets, mais ce que je sais bien, c'est que les peuples veulent la paix en France comme en Allemagne, ils veulent éviter les boucheries que le *progrès* moderne rend possibles; ils veulent vivre, élever leurs enfants, améliorer leur position et ils ne demandent tout cela qu'à leur travail et à la paix en Europe.

Les peuples ont et auront de plus en plus un mot à dire dans les décisions dont dépendent leurs destinées, aussi je crois que j'ai derrière moi l'immense majorité des hommes paisibles et travailleurs, et tous les Français et Allemands disent la même chose : nous voulons la paix, l'union, le travail. Ils finiront par avoir raison un jour. Espérons que ce jour est prochain, mais disons-nous bien que l'Europe se syndiquera contre les pays exotiques ou l'Europe disparaîtra.

CHAPITRE III

La crise économique qui sévit en Europe est des plus graves; car elle s'attaque surtout à la première des industries, à l'agriculture. C'est la première fois dans les temps modernes que pareil fait se produit (1).

On s'était habitué, dans notre période moderne, à ne pas considérer l'agriculture comme une industrie et à la sacrifier à toutes les autres ; on voit maintenant que c'est la première de toutes, et que si elle est sérieusement touchée, la société et l'ordre économique sont profondément ébranlés.

En effet, de quelque importance que soient dans un pays de l'Europe la production industrielle et l'activité commerciale, elles sont toutes deux primées (sauf en Angleterre) par la production agricole prise dans son sens le plus large, et comprenant toutes les industries annexes.

Quelles sont donc les causes qui mettent ainsi notre agriculture en péril ? Ces causes sont nombreuses et diverses.

La vapeur a produit dans les transports une telle révolution, que combinée avec l'émigration européenne dans les pays neufs et avec l'emploi des machines agricoles, elle a complètement bouleversé les conditions de la production agricole dans le monde.

Le percement de l'Isthme de Suez a mis l'Inde à la

(1) Quand la *Pax Romana* fut établie dans le bassin de la Méditerranée, sur ses rives et sur ses flots après la mort de Pompée, les moissons de la Sicile, de l'Afrique et de l'Égypte vendues à vil prix dans les cités maritimes, firent aux récoltes de l'Italie une concurrence redoutable. Le blé étranger acheva de tuer le blé indigène (Cicéron, *Pro lege Manilia*), alors on fit de la viande qui se vendait mieux, en substituant les prairies aux terres à labour, les cultures « dont Jupiter fait tous les frais » à celles qui demandent beaucoup de bras ; et sur ces *Latifundia* il n'y eut pas plus de travail pour l'ouvrier agricole que de place pour le petit propriétaire. DURUY, *Histoire romaine*, t. III, p. 663.

porte de Marseille, et dans l'Inde les Anglais ont rétabli quelques-uns des grands systèmes d'irrigation qu'avaient si remarquablement installés les civilisations antérieures. L'eau et le soleil ont donné dans ce pays des productions énormes de grains qui refluent chez nous.

Des canalisations intelligentes faites au Canada et aux États-Unis ont permis à la navigation fluviale d'aller au centre du continent, à l'extrémité des grands lacs, chercher les grains des prairies défrichées et les amener à vil prix dans les ports maritimes.

Trois voies transcontinentales ont mis les rives du Pacifique à portée commerciale des rives de l'Atlantique, en attendant que le canal de Panama permette aux Ranchos californiens d'envoyer par mer leurs animaux en Europe.

L'Océanie est la plus grande productrice de laines du globe, et en six semaines les messageries amènent les ballots de laine de Sydney à Marseille. J'ai reçu par ces bateaux directs des fougères qui, sept semaines après avoir été arrachées des ravins de la Tasmanie, faisaient à Cannes des pousses nouvelles dans la terre de France.

Des moutons gelés à Sydney, à Buénos-Ayres et dans toute l'Amérique du Sud, viennent dans des vapeurs *ad hoc* en Europe. Là-bas ils sont cotés zéro, puisque la laine seule a de la valeur ; les machines frigorifiques sont si perfectionnées qu'ils traversent les deux tropiques et la ligne sans coûter grand-chose, et sont amenés par milliers, à vil prix, à Londres où, consommés rapidement, ils donnent de la très bonne viande.

Les produits de la laiterie ne sont point encore exploités dans ces pays neufs, mais grâce à leur composition graisseuse, ils se prêtent si bien à la conservation par le froid qu'il faut s'attendre à les voir envahir nos marchés.

Les graisses, les suifs, les peaux, les salaisons ont été les premiers produits exotiques qui ont défié toute concurrence, leur facilité de conservation leur ayant permis de supporter même les longs transports à voile. Maintenant qu'ils arrivent par vapeur, plus une seule salaison de nos navires ou de nos troupes n'est produite sur le sol national.

Les vins, les alcools, les sucres viennent facilement comme toujours. Mais, grâce au phylloxéra, on peut prédire l'époque où les côtes californiennes qui nous ont donné cette maladie, dit-on, nous inonderont de leurs vins excellents, et empêcheront la reconstitution de tous les vignobles de crûs moyens et ordinaires.

J'ai vu, il y a dix ans, des navires américains en rade de Menton et de San Remo, prendre des pleins chargements de citrons et d'oranges pour l'Amérique. Maintenant les citrons, les oranges que l'on consomme en Angleterre et dans les pays du Nord, viennent de la Californie, du Texas et du Brésil.

L'olivier, que l'on croyait devoir rester en dehors de la concurrence, grâce à son habitat restreint sous le climat méditerranéen, est planté par milliers dans le sud des États-Unis. Dans cinq ou six ans on n'enverra plus une goutte d'huile d'Italie, de France, d'Espagne aux Américains, et avant dix ans ils enverront de leurs produits dans tout le nord de l'Europe, dont nous serons chassés par leur bon marché.

Des fenêtres, des portes, des parquets en sapin de Suède ou pitch-pin du Canada, se vendent à Marseille, sciés, rabotés, coupés à longueur selon commande, moins cher que les blocs de pins qui couronnent les hauteurs de Provence ne valaient il y a dix ans.

Il n'y a pas un produit du sol européen qui ne trouve son pareil dans les nouveaux pays, et que ces pays ne produisent à vil prix.

Il en coûte moins pour faire venir une tonne de blé des elevators de Chicago à Anvers, au Havre ou à Hambourg, que pour faire mouvoir cette même tonne de Lille à Perpignan ou de Kœnigsberg à Strasbourg.

Ce seul fait tuera radicalement la production des céréales en Europe à bref délai, et, sans cette production, que devient notre agriculture ?

Quand le commerce aura obtenu les mêmes résultats pour tous les produits du bétail et autres, que deviendront nos campagnes ?

La prospérité agricole disparue, l'émigration dans les villes ne pourra plus se faire, qu'iraient y gagner nos paysans puisque l'industrie sera forcément en souffrance ?

ils partiront pour les pays lointains s'ils sont Allemands, et ils n'auront plus aucun enfant, s'ils sont Français.

Cette émigration, peu nombreuse en France, mais cependant réelle, et les grandes exportations du capital humain de l'Allemagne et de l'Italie, pays prolifiques, ne feront qu'augmenter le mal dont souffriront ceux qui restent aux vieux pays. Chaque homme qui va dans les pays extraeuropéens leur procure ce capital-homme qui leur fait défaut, et vient accroître dans des proportions effrayantes leurs forces productives. Ce qui fait que chaque Irlandais, chaque Silésien, chaque paysan de Calabre, chaque Basque qui part, aide (involontairement) sa nouvelle patrie à tuer la culture de sa vieille patrie; il part la mort dans l'âme. Il quitte ses frères qu'il aime et voudrait aider, et à peine arrivé, il devient un agent nouveau du mal terrible qui les ruine.

Le marché national étant sur le continent, et surtout en France et en Allemagne, le vrai consommateur des produits de leur industrie, que deviendra cette industrie, quand 65 0/0 de ses consommateurs seront ruinés ou partis? Chacun savait jadis que dans les bonnes années de récolte, tout le monde était riche, parce que le rural, ayant de l'argent, faisait de la dépense; mais quand ce rural sera parti ou ruiné, qui fera marcher nos industries?

L'industrie allemande aura beau chercher à Cameroon des nègres pour lui acheter ses machines à vapeur et ses draps. Les Tonkinois ont beau nous être présentés comme des clients sérieux pour le Creusot et Roubaix, il n'en est pas moins vrai que, quand le marché national sera tué dans les deux pays, l'industrie sera, elle aussi, expirante et n'aura plus qu'à démolir ses cheminées à vapeur. Elle verra, mais trop tard, que l'agriculture était une industrie, et qu'en la sacrifiant aux autres, on a tué la poule aux œufs d'or.

Encore quelques années de cette invasion extra européenne, et nous verrons les terres, qui ont déjà baissé de 33 0/0, s'effondrer complètement et ne plus valoir que le prix des landes actuelles.

Les terres éloignées des villes redeviendront des pâturages vagues où erreront de maigres troupeaux, les villages seront dépeuplés, et quelques bonnes terres exceptionnellement situées donneront aux rares citadins d'alors les légumes et le lait qu'ils auront pour presque rien.

Les hypothèques qui grèvent la propriété foncière de Kœnigsberg à Bayonne et de Munich à Brest, n'ayant plus un gage représentant la valeur du prêt, cesseront de voir leurs intérêts payés par les emprunteurs ruinés, et ne seront plus que des morceaux de papier. Les propriétaires comme les capitalistes qui auront consenti les prêts, passeront du rang de gens aisés à celui de prolétaires. Le fait sera senti aussi durement en Prusse, pays de grande propriété, qu'en France où la terre est divisée à l'excès : la baisse est trop complète pour que le paysan, même se nourrissant sur son champ, puisse soutenir la concurrence. Il sera le dernier vaincu, mais il le sera, car il lui faut de l'argent pour le percepteur, pour le maréchal, le charron, le tailleur, et cet argent lui fera complètement défaut.

Le grand propriétaire allemand qui paye des gros intérêts à la banque foncière, qui a des régisseurs à solder et toutes les charges de la propriété des *Rittergut*, disparaîtra le premier, car ses frais sont absolument disproportionnés à ses recettes même actuelles, et sa dette à la banque de province augmente déjà maintenant chaque année.

Les lois économiques ont d'inéluctables conséquences ; on peut discuter sur des résultats politiques, mais on sait que quand un paysan perd à élever un bœuf, il n'élève pas ce bœuf, il ne cultive plus l'hectare nécessaire à le nourrir, il ne paye plus l'impôt qui lui incombe, et il va ailleurs.

L'axiome des économistes libre-échangistes qui dit qu'à côté de chaque pain de quatre livres il naît un homme, est absolument faux et bon seulement dans une chaire d'école. La vérité, c'est qu'on peut mourir de faim à côté d'un sac de blé, si on n'a pas le sou pour l'acheter ; à défaut du bon sens qui manque souvent aux professeurs, l'exemple de l'Irlande est là pour le prouver.

L'Europe centrale va par la ruine de son agriculture à la ruine de son industrie, et par ces deux causes réunies, à la dépopulation et à la banqueroute des États et des institutions de crédit.

~~~

Le remède à l'évolution économique qui ruine l'Europe agricole est encore à portée des gouvernements, *si* ils savent vouloir et *si* ils parviennent à s'entendre pour une action commune, avant que la ruine des populations rurales soit un fait accompli et leur émigration sérieusement en train.

Si 45 millions d'Allemands et 38 millions de Français, dirigés par deux gouvernements amis, introduisaient en Europe une politique économique unique, ces deux états réunis dans un noble objectif seraient assez puissants pour donner à l'Europe centrale l'impulsion qui la sauverait.

Le régime admis par les deux nations maîtresses s'imposerait bien vite par la force des choses à la Belgique, à la Suisse, à la Hollande, à l'Autriche, peut-être même à l'Espagne et à l'Italie.

Il s'appliquerait alors à 154 ou 203 millions d'hommes environ, et constituerait un terrain économique semblable d'une superficie et d'une importance telle qu'il donnerait à ce régime spécial et factice un marché assez vaste pour se suffire à lui-même.

L'Europe prospère derrière son mur de douane, pourrait attendre que les pays neufs aient été peuplés, et aient acquis, avec le peuplement et la civilisation raffinée, tous les bienfaits qui en découlent, comme grandes armées, dettes écrasantes, luttes fratricides et impôts nombreux.

L'identité des intérêts agricoles doit être la base d'une union douanière réduite d'abord à l'Allemagne et à la France syndiquées dans ce but restreint, et s'appliquant d'abord seulement aux produits bruts de leur sol.

Plus tard, ou les autres nations demanderaient à entrer dans ce *zollverein restreint*, ou on les y engagerait sérieusement.

Plus tard, on étendrait cette union douanière successivement et progressivement à certaines industries, *si le besoin et la possibilité* s'en faisaient sentir de part et d'autre. Mais pour le moment c'est au programme restreint annoncé ci-dessus qu'il faudrait se borner.

Le centre des deux pays est Francfort, qui est à mi-chemin de Kœnigsberg à Bayonne.

La ligne de Paris à Berlin a très peu à faire pour passer par Francfort qui est à son milieu, enfin si l'union s'adjoignait l'Autriche, cette ville est assez près d'elle pour que son choix comme centre douanier convienne aux trois grands empires et à toutes les petites nations voisines.

Francfort est un centre commercial important où les capitaux ont l'habitude d'affluer; enfin Francfort a été ville libre et capitale, et saurait pratiquer une hospitalité cosmopolite.

On établirait à Francfort le bureau douanier franco-allemand où se résoudraient, sous la direction de représentants et d'employés des deux nations, toutes les questions d'application qui surgiraient nombreuses, importantes et journalières.

Ce bureau, bi-national à ses débuts, se grossirait au fur et à mesure des événements et des adhésions des représentants des nations voisines pouvant et voulant faire partie du grand Zollverein central européen.

Les grains, les viandes, les vins, les huiles, les bois, les peaux, les laines, les lins, les chanvres, etc., etc., en général tous les produits agricoles du sol des territoires syndiqués seraient taxés à leur entrée dans ces territoires.

La taxe établie par le bureau de Francfort se composerait d'un droit compensateur et variable suffisant pour donner à ces produits une valeur rémunératrice et créer ainsi une parité de valeur sur le marché européen entre les produits de son sol et ceux venus des pays neufs.

Les articles désignés paieraient les droits fixés à l'entrée du *pourtour* des deux pays syndiqués, et rien à leur frontière commune, c'est-à-dire de Thionville à Bâle.

Ces droits devraient être variables sous peine de manquer complètement leur but.

Personne en somme ne sait jusqu'à quelle limite de bon marché peuvent descendre les produits exotiques. On a mis en France 3 francs sur les blés, il a fallu aller à 5 et c'est déjà très insuffisant : les Allemands ont 3 marks et pétitionnent pour avoir plus (1).

Les droits fixes n'ont aucune raison d'être, puisqu'ils peuvent, trois mois après avoir été fixés, ne plus atteindre leur but.

Il faut qu'une réunion d'agronomes détermine les prix que l'on désire voir *à peu près* atteindre par toutes les denrées produites sur le sol de l'union douanière.

Cette limite fixée, on ferait varier les droits selon les fluctuations des grands marchés régulateurs, comme le Havre, Anvers, Hambourg, Marseille, Gênes, Trieste.

Il ne s'agit pas ici d'obtenir une précision mathématique qui nécessiterait des fluctuations journalières de la taxe, comme il y a des fluctuations journalières de la valeur des marchandises. Il suffirait d'une grande élasticité dans la taxe, et que cette taxe dépendît, non pas de mesures législatives dans les deux pays, mais d'une décision prise à Francfort et télégraphiée aux directions douanières de Berlin et de Paris qui la feraient exécuter le lendemain.

Il faudrait en un mot en revenir à une échelle mobile, appliquée à tous les produits du sol, et non plus seulement, comme jadis en France, aux blés seulement.

Quand le régime de la liberté commerciale a été appliqué en France aux grains, je me souviens que le grand argument des libres-échangistes était celui-ci : Comment voulez-vous qu'avec l'échelle mobile et variable un négociant de Marseille opère à Tangarog ou à Odessa. Il achète à 25 francs, comptant sur un droit de 5 francs par exemple, quand son navire arrive, trois ou quatre mois après, le droit est de 8 francs ; il est ruiné, ou plutôt, devant cette incertitude il n'importe pas, et vous êtes exposés à une disette.

La vapeur et le télégraphe ont enlevé toute valeur à

(1) On sait que récemment ces droits ont été élevés par le Reichstag allemand et portés à 5 marks ou 6 fr. 25 cent.

cet argument; cependant, pour en tenir compte, on pourrait admettre que tout navire serait toujours supposé avoir fait la traversée en vingt-quatre heures, et par conséquent la taxe qui lui serait appliquée serait celle du jour de son départ du port transatlantique.

Les deux États, et ceux qui accéderaient à l'Union, conserveraient entiers leurs droits de douane pour tout le pourtour et sur la frontière commune, pour tous les objets non compris dans la nomenclature agricole. Ainsi une balle de laine passe de Strasbourg à Avricourt, elle ne paye rien ; une balle de drap fait le même trajet, le douanier d'Avricourt taxe selon ses ordres.

Il est absolument hors de doute qu'au bout d'un an ou deux, quand la parité économique agricole serait établie entre les deux pays, elle les engagerait à chercher quels sont les produits industriels que l'on peut faire bénéficier de cette libre circulation au travers de la frontière commune.

Les relations d'affaires qui s'établiraient entre les deux nations pousseraient à ce résultat, mais il conviendrait de le laisser désirer, et de ne point aller plus vite dans cette voie que les intéressés.

Pour arriver à cette plus grande union douanière, le bureau de Francfort serait d'une immense utilité.

Composé d'hommes habitués à s'entendre, connaissant la vraie situation industrielle des deux pays et leurs moyens d'action, il étudierait fructueusement toutes les questions qui pourraient, en étant résolues d'un commun accord, amener une parité économique plus grande entre les deux pays.

Comme, par exemple, la limitation des heures de travail, la tarification uniforme des chemins de fer et des canaux, les délais de livraison, les mesures uniformes de poids et de contenances, les taxes postales et télégraphiques.

Il se produirait autour de ce bureau, dirigé par les hommes les plus éminents des deux pays, un immense mouvement intellectuel de fusion, au lieu de ce mouvement de répulsion qui existe entre les deux pôles de Paris et de Berlin.

Je n'hésite pas à penser que le bien moral qui en résulterait pour les deux civilisations germaine et latine serait égal au bien matériel produit.

Les bienfaits économiques du nouveau régime se verraient de suite, et suivraient la première récolte faite sous ce régime. Du coup, la classe agricole et ceux qui gravitent autour d'elle seraient sauvés et connaîtraient une prospérité qui les a fui depuis longtemps.

~~~~

Quel sera le renchérissement de la vie par l'application de la réforme économique, et que peut-on faire pour éviter ce renchérissement? Telles sont les questions premières à résoudre.

Si l'on maintient, par l'échelle mobile sévèrement appliquée, le blé à 30 francs les 100 kilos, les cultivateurs seront à l'aise, mais de combien cet enchérissement artificiel augmentera-t-il le pain de l'ouvrier?

Il a été établi, par la chambre syndicale des grains et farines de Paris, qu'une surtaxe de 2 francs augmente le kilog de pain de 0,008. En supposant le froment à 22 francs sans nouveaux droits, il faudrait 8 francs d'augmentation de droits pour le porter à 30 francs. On arrive ainsi à trouver une augmentation de 0,02 par kilo, l'ouvrier aurait donc de ce chef 7 francs, *par an et par tête adulte*, de perte sèche.

Mais d'autre part on a observé qu'en 1876 le blé valant 26 francs, le pain se vendait 0,35 c., et qu'en 1886 le blé valant 22 francs, le pain coûtait toujours 0,35 c. (Discours de M. Méline, 3 mars 1886.)

4 francs de baisse sur le blé n'avaient produit aucune diminution sur le pain.

Les gens qui connaissent la question, non pour avoir lu des livres théoriques, mais pour avoir fait du pain en grand, affirment que, soit avec des boulangeries économiques soit avec la taxation sévère des boulangers, on peut ne pas voir augmenter sensiblement le prix du pain avec le blé à 30 francs.

Tout l'écart passe à enrichir des boulangers ou plutôt à en augmenter le nombre, de telle sorte que, opérant tous en petit, ils sont grevés de frais généraux qui les empêchent de baisser le prix du pain. Le jour où le pain se fera industriellement dans les grands centres, j'affirme, sans crainte d'être démenti par les spécialistes, que le pain se vendra moins cher avec le blé à 30 francs qu'il ne se vend actuellement avec le blé à 22.

Voilà un gros épouvantail de moins pour qui veut aller au fond des choses, un renchérissement de **2** centimes si on ne fait rien, et aucun si on sait s'y prendre.

Pour la viande, c'est absolument la même chose.

Je prends des chiffres que j'ai devant les yeux, ne pouvant en trouver qui représentent une moyenne pour le pays.

Je vends un bœuf 70 centimes, poids net, le boucher le vend 70 centimes à ses clients, il vit bien et il s'enrichit. Dans un grand centre il vendrait 1 franc, sans compter son énorme bénéfice sur les morceaux de choix.

Pourquoi ? parce que j'ai bien vendu les quatre quartiers de viande nette à 70 centimes, mais qu'il y a un cinquième quartier dont les profanes ignorent l'existence, et qui suffit amplement à constituer le bénéfice du boucher, quand surtout l'étranger ne vient pas en diminuer la valeur.

La peau, la graisse, les cornes, les abats, tout cela vaut 20 0/0 du prix du bœuf, quand les peaux de la Plata et les graisses de Chicago ne viennent point troubler le cours naturel de ces articles.

Il suffit donc d'appliquer la mesure protectrice dans son entier pour qu'elle renferme en elle-même son correctif. Si le cinquième quartier est réellement ramené à son ancienne valeur, on peut taxer la viande de qualité moyenne de telle sorte qu'elle ne monte pas, quand le prix des bêtes montera suffisamment pour enrichir l'éleveur.

Je n'ai voulu traiter ici que ces deux questions capitales, « pain et viande », parce que ce sont celles que l'on met toujours en avant. Elles sont faussées dans leur exposition devant le grand public, parce que les intermédiaires, boulangers et bouchers, ont intérêt à ce qu'elles le soient (1).

(1) Ce chapitre est entièrement tiré de ma brochure de 1888, *La paix par l'union douanière franco-allemande.*

CHAPITRE IV

Il est utile, pour se rendre compte de l'effet produit dans le monde des idées par ma brochure de l'an dernier, de lire les appréciations de la presse à son sujet.

On voit ainsi les diverses manières d'envisager cette grosse question, et, du choc de toutes ces pensées diverses, chacun peut tirer une conclusion personnelle.

On peut dire que toute la presse de France et d'Allemagne et une partie de celle de l'Angleterre, de l'Italie et de l'Autriche ont parlé de mon travail et donné sur lui une opinion.

Dans cette masse d'articles j'ai choisi les plus saillants et j'en ai fait les extraits qu'on va lire. Les reproduire intégralement eût été trop long et j'ai dû faire de nombreuses coupures pour rester dans les limites d'une petite brochure et, quelquefois aussi, pour supprimer des mots trop vifs qui ne font qu'éveiller les susceptibilités nationales, ce que je ne veux faire à aucun prix. Mon œuvre est entièrement une œuvre de *paix*, d'étude, d'apaisement, et je tiens, en ce qui me concerne, à rester dans cette région sereine des *intérêts communs satisfaits*.

Figaro, 27 février 1888 :

Il vient de paraître, à Strasbourg, une brochure de trente-deux pages, plus instructive, plus suggestive que bien des gros livres. Elle s'appelle : *la Paix par l'Union douanière franco-allemande*, et a pour auteur M. le comte de Leusse, ancien député.

Ce qui la rend doublement intéressante, c'est qu'elle reflète, si nous sommes bien renseignés, les idées de deux augustes personnages, dont l'un est le malheureux Prince qui agonise à San Remo ; ils se sont rencontrés dans cette même ville il y a deux ans ; l'entrevue fit assez grand bruit alors.

Le point de départ est celui-ci : la vieille Europe est troublée par une crise économique, dont on ne peut prévoir l'issue. Le percement de l'isthme de Suez, les travaux de canalisation accomplis au Canada ont permis à l'Inde et à l'Amérique de nous inonder de leurs blés, tandis que les viandes de la Plata conservées par le froid encombraient par milliers de tonnes le marché anglais et que tous les produits du sol européen trouvent leurs similaires produits à vil prix dans les pays nouveaux.

De là une crise agricole qui atteint surtout la France et l'Allemagne, et qui, ayant ruiné les deux tiers des producteurs, s'étendra naturellement à l'industrie nationale des deux pays.

C'est à cette situation qu'il s'agit de trouver un remède, d'autant mieux qu'elle est encore aggravée par les déclamations des socialistes.

Voici celui que propose M. de Leusse :

Si 45 millions d'Allemands et 38 millions de Français, dirigés par des souverains amis, introduisaient en Europe une politique économique unique et créaient une union douanière commune, elles forceraient bientôt la Belgique, la Suisse, la Hollande, l'Autriche, peut-être l'Espagne et l'Italie, à entrer dans cette union.

Ainsi serait constitué un marché assez vaste pour se suffire à lui-même et pour se défendre contre l'importation d'outre-mer.

C'est à Francfort, à mi-chemin de Kœnigsberg et de Bayonne, que serait établi le bureau douanier franco-allemand qui fixerait la valeur approximative des produits agricoles des territoires syndiqués.

Nous renvoyons à la brochure de M. de Leusse pour les développements et les corollaires de son idée, par exemple, sur les moyens à employer pour que les ouvriers des villes ne souffrent pas trop du relèvement des prix des denrées.

Ces trente-deux pages, pleines d'idées et de faits, ne contiennent pas une seule des déclamations chères aux entrepreneurs de patriotisme, elles font mieux : elles indiquent un terrain d'entente ; j'en parle sans illusion et sans espérer qu'on l'écoutera. Il n'en est pas moins bon qu'une voix autorisée ait dit *ce qui pourrait être.*

F. M.

La *Gazette de Lausanne*, du 28 février, s'exprimait ainsi :

Le brochure du comte de Leusse que la Gazette signalait l'autre jour est *utopique,* c'est vrai, mais elle l'est certainement moins par ses tendances économiques que par ses visées politiques..... Il veut internationaliser certaines lois de paix sociale moins peut-être pour satisfaire les vœux des ouvriers que pour créer entre les pays qu'il désire fédéraliser au point de vue douanier la parité économique........
...... Ce qui fait la valeur réelle de la brochure de M. de Leusse ce sont ses idées sur l'union douanière. Ce sont des idées protectionnistes, c'est vrai, même ultra-protectionnistes, et *à priori* elles ne sont donc pas en harmonie avec l'opposition que nous faisons à la réaction douanière qui sévit dans toute l'Europe.

Seulement ce qui caractérise le genre de protectionnisme avec lequel nous avons affaire ici, c'est qu'au lieu d'élever des barrières en Europe il veut les supprimer, sauf à les maintenir vis-à-vis de l'Amérique et d'autres pays...

... Des libres-échangistes militants, tels que M. de Molinari, ont depuis longtemps déjà admis ce genre de protectionnisme en demandant pour commencer, non pas l'union douanière franco-allemande, mais d'emblée celle de l'Europe tout entière.

... L'idée, qui a des partisans, même en Allemagne... fera certainement son chemin si, pour commencer on la réduit à de justes proportions et si l'on excepte les articles que j'appellerai fiscaux et dont le traitement douanier ne peut être affranchi des dispositions de la Législation intérieure. Le sucre, le tabac, le sel, la bière, l'eau-de-vie et le vin sont des articles de ce genre...

... Des unions douanières seront fondées avant la fin de ce siècle, j'en suis persuadé, elles seront fatales pour les nations qui se présenteront trop tard...

... C. BODENHEIMER.

Le *Soleil,* du 5 mars 1888, sous la signature H. de Kerohant, s'exprime ainsi :

... Cette idée de constituer, contre l'invasion des produits agricoles américains, un zollverein qui aurait pour but de sauver l'agriculture de la vieille Europe, est aussi ingénieuse que hardie. Elle sollicite l'attention des hommes d'Etat et des économistes, et elle mérite d'être très sérieusement examinée...

Le *Bonhomme français*, du 11 mars 1888, sous la signature Saint-Georges, s'exprime ainsi :

M. de Leusse vient de publier une brochure où il démontre que l'union franco-allemande peut seule sauver l'Europe.

M. de Leusse a raison, l'antagonisme entre la France et l'Allemagne est au fond une sorte de guerre civile. Vis-à-vis de l'Amérique, notre rivale d'aujourd'hui, vis-à-vis de l'Asie, notre rivale de demain, l'Europe forme corps et constitue pour nous tous une patrie. La Russie est à moitié asiatique : la vraie Europe, c'est l'Europe occidentale..., non seulement l'hégémonie russe n'est plus qu'une question d'années, mais l'Europe va même perdre son rang et son rôle sur le globe. Ruinée par les armements, déchirée par les guerres, l'Europe est incapable de soutenir la concurrence économique de l'Amérique et de l'Asie.

Les éléments jeunes, intelligents, actifs, quitteront peu à peu les nations européennes. Ils s'en iront diriger les ateliers chinois ou cultiver les terres vierges des Etats-Unis. L'agriculture succombera la première, l'industrie et le commerce ne pourront longtemps se maintenir. La richesse, accumulée par nos pères, passera aux mains des banquiers du céleste Empire ou ira grossir le trésor des *milliardaires* yankees...

... L'Europe peut-elle échapper au désastre qui l'attend ? En s'unissant, en désarmant, en adoptant une législation économique qui prendrait pour base, non les mesquines passions de l'égoïsme national, mais les intérêts supérieurs de la communauté européenne, en instituant progressivement une grande confédération qui grouperait ses divers peuples autour d'un programme d'équité et de liberté, l'Europe pourrait faire front à l'ennemi du dedans et du dehors.

L'Europe occidentale, rendue à elle-même, ne laisserait pas la Russie trancher ses querelles.....

La *France*, du 6 mars 1888, donnait la dépêche suivante que rien n'est jamais venu vérifier d'ailleurs :

Munich, 3 mars.

L'idée développée dans la brochure de M. de Leusse, au sujet de l'union douanière entre la France et l'Allemagne...., commence à faire un certain bruit en Allemagne.

J'apprends que plusieurs professeurs de l'université de Munich ont l'intention de s'entendre avec les plus célèbres professeurs de droit international des universités de Berlin, Heidelberg et Bonn pour provoquer la convocation d'un congrès dans le but d'étudier cette grave question et de proposer une solution au gouvernement impérial.

Le *Fremdenblatt* croit que cette question mérite d'être étudiée avec impartialité et bonne foi, parce qu'une heureuse solution pourrait éviter de grands malheurs et assurer de longues années de paix aux deux grands peuples voisins.

Le *Gaulois*, du 15 mars, s'exprime ainsi, sous la signature de M. Cornély :

..... Il y a quelques mois, l'Empereur, muet aujourd'hui, qui souffrait déjà d'un mal inconnu et terrible, était allé demander la santé à ce San Remo qu'il vient de quitter.

Un jour, il lui vint un auguste visiteur, héritier comme lui d'une grande couronne.

..... Le Kronprinz déclara qu'il était frappé de l'envahissement de l'Europe par les produits du nouveau monde et que, sous peine de périr eux-mêmes, les peuples de l'Europe, syndiqués contre une ruine commune, devraient s'entourer d'une barrière protectrice contre cette concurrence irrésistible.....

....., La brochure que je viens de recevoir a été écrite au château de Reichshoffen, où l'auteur vit le désastre de nos troupes et y prit part. Elle est d'un homme qui sait confondre deux qualités que l'âge moderne réunit bien peu souvent : celle de patriote et celle d'homme d'Etat.

..... Il indique le remède immédiat pratique qui doit mettre un terme à la crise, empêcher l'Europe de mourir par

la ruine de son agriculture et par conséquent de son industrie, et qui est encore entre les mains des gouvernements
s'ils ont le courage de l'employer.

Le *Salut Public*, de Lyon, du 28 mars 1888, s'exprime
ainsi :

..... M. de Leusse envisage résolument la question et la
possibilité d'une entente sur le terrain économique et social ;
il développe, dans des aperçus pleins d'originalité, l'idée
d'une union douanière entre les deux grandes nations du
centre et de l'ouest de l'Europe.....

..... Il estime que des intérêts communs, satisfaits en
dehors de la politique pure, produiraient une action pacifi-
catrice.

Le *Moniteur Universel*, du 8 mars 1888, s'exprime ainsi :

..... M. de Leusse a cherché à conjurer les effets de la
crise agricole, il l'a fait avec la sagacité d'un esprit profondément versé dans la science économique et qui se sent
d'autant plus porté à recommander les remèdes héroïques
qu'il aperçoit mieux toute l'étendue du mal.

..... Tel est, dans les lignes principales, le projet de M. de
Leusse, projet qui, malgré la haute compétence en matière
économique de celui qui l'expose, est destiné à rester longtemps, selon toute probabilité, lettre morte.....

..... Il est certain que dans l'état actuel de l'opinion et
disons plus, aussi longtemps que subsisteront les générations
présentes, un projet d'union douanière ne pourrait être
négocié entre l'Allemagne et la France qu'après que le grand
compte historique, dont a parlé M. de Leusse, aurait été
réglé à la satisfaction des parties.

C'est ainsi du moins que nous comprenons son projet et
qu'il l'a lui-même compris, nous en avons la conviction
profonde.

Le même journal publiait, dans son numéro du 13 mars,
la lettre suivante :

Nous recevons la lettre suivante :

« Cannes, 10 mars 1888.

» Monsieur le Rédacteur en chef,

» Vous m'avez fait l'honneur de rendre compte dans le *Moniteur* du 8 mars d'une brochure que je viens de publier à Strasbourg.

» L'article de votre journal se termine par cette phrase :

« Il est certain que, dans l'état actuel de l'opinion, et, disons
» plus, aussi longtemps que subsisteront les générations
« présentes, un projet d'union douanière ne pourrait être
» négocié entre l'Allemagne et la France qu'après que le
» grand compte historique dont a parlé M. de Leusse aurait
» été réglé à la satisfaction des parties.

» C'est ainsi du moins que nous comprenons son projet
» et qu'il l'a lui-même compris, nous en avons la conviction
» profonde. »

» Permettez-moi de vous dire que vous vous êtes absolument mépris sur ma manière de voir.

» J'ai voulu dire et je crois avoir dit fort clairement qu'il fallait se mettre *d'abord* sur le terrain des intérêts matériels communs satisfaits par une union douanière restreinte avec l'Allemagne, et qu'*ensuite* il serait plus facile, après quelques années de ce *modus vivendi*, de résoudre les questions qui divisent les deux pays.

» Je vous serais très reconnaissant de vouloir bien reproduire cette lettre dans un des plus prochains numéros de votre journal à la place où a paru l'article qui me concerne, et je saisis cette occasion de vous assurer de ma considération la plus distinguée.

» Comte P. DE LEUSSE. »

Le *Paris*, du 17 mars, publiait un long article de M. Léon Goubette dont j'extrais ce qui suit :

... Un ancien député de Strasbourg, M. Bergmann, le professeur berlinois Richard de Kaufmann, et antérieurement à eux un libre échangiste convaincu, M. de Molinari, ont déjà proposé une union douanière continentale...

... Un facteur, inconnu jusqu'alors dans l'histoire des

temps modernes, domine la situation. Ce facteur n'est autre que la concurrence des nouveaux mondes qui s'enrichissent, tandis que nous nous ruinons dans des luttes fratricides. M. de Leusse a très bien mis en lumière ce côté économique de la question? Peut-être l'a-t-il exagéré, on n'en saurait nier toutefois l'importance extrême.

... M. de Leusse nous convie à nous joindre à l'Allemagne, d'abord économiquement, à merveille. *Mais il y aurait inégalité flagrante et toute à notre désavantage.* L'Allemand est pauvre, il consomme moins que le Français ; en revanche, il produit davantage. En dernière analyse, c'est donc l'Allemand qui bénéficierait du zollverein.

... Nous ne nions pas que plusieurs des observations dégagées par M. le comte de Leusse soient fondées — d'où la longueur de l'article que nous consacrons à sa brochure...

... Dans sa brochure dont quelques pages semblent inspirées par feu Romieu, M. de Leusse évoque le spectre de la Révolution sociale. Mais comment ne sent-il pas qu'en prévision d'un cataclysme hypothétique il propose bonnement que la France se sacrifie au spectre rouge en chair et en os créé par le génie de M. de Bismark.

Le *Monde*, du 3 avril, s'exprime ainsi :

... L'Allemagne, l'Autriche comme la France, écrasées de charges militaires, ne peuvent produire qu'à des prix de revient excessifs, et quelques barrières qu'elles opposent aux produits des autres continents, ceux-ci auront le dernier mot. Or, la ruine de l'agriculture sera la ruine même des nations européennes.

M. de Leusse en conclut que l'Allemagne et la France, malgré leur hostilité mutuelle, se verront forcées de former une ligue douanière pour lutter contre cette formidable invasion.

La possibilité d'une telle conclusion est certes trop invraisemblable aujourd'hui pour y arrêter sa pensée ; mais les faits allégués par M. de Leusse pour y arriver ont une gravité incontestable ; ils méritent de fixer l'attention des hommes d'Etat européens.

Le *Petit Journal*, du 12 mai, publie un long article de M. Thomas Grimm, dont j'extrais ce qui suit :

Il y a quelques mois M. de Lesseps, en revenant de Berlin, laissait tomber une pensée inattendue... *La France et l'Allemagne sont des alliées naturelles...*

... M. de Lesseps ne voulait dire qu'une chose : c'est qu'entre les Francs et l'Allemagne il n'existe pas une de ces antipathies inextinguibles, une de ces haines de race... il voulait dire que d'un versant des Vosges à l'autre il n'y avait rien de plus qu'un malentendu sanglant, et que si quelque événement heureux et imprévu venait à passer l'éponge sur le passé, l'amitié pourrait *naturellement* renaître entre deux nations contiguës, que leur situation géographique, leurs traditions, leurs intérêts et jusqu'aux contradictions de leur tempérament respectif et de leur génie national semblaient destiner à marcher de concert et la main dans la main.

... La même idée vient de nouveau d'être reprise, sous une forme moins scientifique peut-être, mais plus précise et plus pratique par un de nos anciens députés, M. le comte Paul de Leüsse...

... A ses yeux l'Europe occidentale (comprenant l'Allemagne aussi bien que la France) est fatalement condamnée à être ruinée, de fond en comble, un peu plus tôt, un peu plus tard, dans son industrie vitale, c'est-à-dire dans son agriculture par la concurrence américaine.

Nos lecteurs savent que ce n'est pas là une chimère, mais un véritable et sérieux péril de plus en plus imminent, contre lequel il n'est que temps de sortir, de réagir.

Le *Daily Telegraph*, du 17 mai 1888, s'exprime ainsi :

... Il y a dans la *Nouvelle revue* une analyse brève d'une brochure du comte de Leusse recommandant une paix durable entre l'Allemagne et la France par le moyen d'une union douanière.

Jamais un projet plus utopiste n'est sorti du cerveau d'un économiste.

Le *Daily Eagle*, de Brooklyn (États-Unis), du 10 juin, s'exprime ainsi :

... La même idée a été récemment traitée par un ancien député, M. Paul de Leusse, avec moins de sensibilité, mais plus de sens pratique. Dans son travail il n'a pas tant insisté sur les côtés politiques et patriotiques, mais il a étudié avec habileté le côté économique... avec des arguments historiques. Il prouve que des inimitiés nationales, même fondées, ont disparu devant un danger commun, et qu'un syndicat, formé pour le bien commun et la protection des produits domestiques, a amené entre nations des amitiés qu'aucun effort n'avait réussi avant à provoquer.

L'*Association catholique*, du 15 avril, s'exprime ainsi :

La brochure que vient de publier M. le comte de Leusse, et qui a fait une grande sensation, condense en une trentaine de pages une quantité d'idées et de faits qui suffiraient aisément à faire la matière d'un fort volume. Aussi, l'analyse d'un tel travail est-elle de celles qui, pour être complète, devrait comprendre à peu près le texte intégral...

... Nous n'insistons pas sur l'intérêt qui s'attache à ses thèses, toutes personnelles qu'elles soient à l'auteur; nous croyons savoir de quelles hautes pensées elles sont en même temps l'écho...

... Il est certain qu'un zollverein européen serait le point d'appui de la législation économique et sociale internationale réclamée à grands cris par le monde du travail...

... Tel est le résumé trop concis, mais fidèle, de ces pages éloquentes, où vibre un patriotisme ardent, où se révèle une connaissance profonde des phénomènes économiques de notre temps et qui s'inspirent d'une haute et sereine philosophie.

Nous ne pouvons qu'y applaudir et remercier l'auteur d'avoir lancé résolûment dans le monde des penseurs, des hommes d'Etat et des défenseurs du bien, les idées qu'il expose avec une profondeur de vues et dans un style si remarquable.

Le *Salut public*, de Lyon, du 8 avril, dans un second article, s'exprime comme suit :

... Cette conception de M. de Leusse est d'une élévation et d'une hardiesse qu'on ne saurait trop admirer ; mais bien que, basée sur des faits matériels, est-elle autre chose qu'un beau rêve.....?

... Nous croyons, nous, que M. de Leusse ne pose pas nettement la question, quand il feint d'oublier la fatalité qui divise la France et l'Allemagne, espérant l'étouffer sous la constitution d'un zollverein.

La *Nouvelle Revue*, du 1er juin 1888, a publié un article très curieux dont j'extrais ce qui suit, mais qui est tellement bizarre que je conseille aux amateurs de curiosités de le lire en entier.

Un des phénomènes les plus remarquables auquel il nous est donné d'assister, c'est le double mouvement qui, après avoir depuis longtemps entraîné les populations des campagnes vers les villes, et les y entraîne encore, semble aujourd'hui ramener vers la terre et les choses de la terre les préoccupations de ceux qui pensent, qui observent et qui songent à l'avenir. Il n'a cependant rien qui nous étonne. L'homme coupé en deux, pour ainsi dire, par les religions artificielles, qui de son corps et de son cerveau faisaient deux êtres différents et presque étrangers l'un à l'autre ne peut vivre ainsi. On ne sépare pas impunément l'idéal du réel.

..... Si les maîtres du sol ne dépouillent plus les laboureurs comme autrefois, il n'en est pas moins vrai qu'ils continuent à leur enlever par la rente une partie de leur travail..... si les seigneurs dépouillaient leurs serfs, c'étaient en somme parmi eux qu'ils dépensaient, en grande partie du moins, le fruit de leurs rapines. Les maîtres actuels vivent dans les villes ; c'est là qu'ils dépensent, sans aucun profit pour les campagnes, les rentes qu'ils en tirent.

..... Ce sont ceux-là mêmes qui nous ont enseigné le détachement de la terre qui nous convient à y retourner..... M. le comte de Leusse est à coup sûr un esprit honnête et distingué..... il ne peut s'empêcher d'être de son temps..... la monarchie n'est plus pour lui qu'une auxiliaire. La base c'est l'identité des intérêts matériels chez les peuples européens et, pour l'établir, la création d'une union douanière entre les deux nations qui lui semblent les plus capables de l'imposer aux autres, la France et l'Allemagne.....

..... Telles sont les bases plus solides, dit-il lui-même, que les parchemins politiques signés entre les gouvernements, *révées* par M. le comte de Leusse pour le rétablissement de la paix définitive.....

..... Qu'il nous permette de le lui dire, il ne nous paraît pas avoir saisi nettement la différence profonde qui existe entre les idées modernes et les choses du passé. Les doctrines religieuses et les principes monarchiques nous ont enseigné le dédain de la terre et n'en ont su faire, en réalité, qu'une *vallée de larmes.*

Eh bien ! la terre ne veut plus être une vallée de larmes : elle les rejette à son tour.

Ce sont eux qui l'ont perdue et c'est sans eux qu'elle fera son salut.

Passons maintenant aux réflexions de la presse allemande ; je les reproduis sous forme de résumé plutôt que sous celle d'extraits littéraires.

L'*Allgemeine Zeitung* de Munich, du 25 février 1888, s'exprime ainsi :

Elle rappelle d'abord que l'Allemagne ayant inscrit la paix sur sa bannière, elle est obligée de prêter une oreille favorable à toute voix pacifique qui se fait entendre de France quand même elle ne ferait que vanter des *projets chimériques.* Il lui plaît que l'auteur ait signé sa brochure. Il ne faut pas lui en vouloir pour quelques-unes des idées qu'il expose dans sa brochure.

En sa qualité de Français, il oublie que l'inébranlable résolution du peuple allemand d'assurer son unité et sa puissance, suffit pour étouffer toute tendance contraire (socialistes — ennemis du dehors).

L'expérience de l'auteur, ancien marin et qui a beaucoup voyagé, lui suggère des choses dignes d'exciter l'intérêt du grand public.

Les idées développées par l'auteur éveilleront cette impression en Allemagne : qu'on y a beaucoup moins besoin d'un appui qu'en France. Quant au danger économique, l'Allemagne est assez grande et assez forte pour pouvoir, en attendant, se défendre suffisamment contre la concurrence étrangère.

On ne peut pourtant pas exiger que sa politique se règle
sur ce qui ne se réalisera peut-être que dans un temps indé-
fini, ni sur tout ce qui pourra encore arriver en France. Que
ce pays cherche lui-même un remède à cela, ceci ne nous
regarde pas; nous autres Allemands nous saurons bien
résoudre tout seuls nos difficultés intérieures.

Mais, malgré tout, nous ne pouvons refuser notre estime
à l'auteur pour le courage chevaleresque avec lequel il a dit
la vérité sans phrases, ce qui, encore aujourd'hui, est une
témérité pour un patriote français.

Il ressort de plusieurs pages de son écrit qu'il reconnaît le
traité de Francfort comme un fait sur lequel il n'y a plus à
revenir..... nous ne pouvons cependant nous empêcher de
douter que les Français et même les Orléanistes soient déjà
capables d'entendre des propositions de paix basées sur le
traité de Francfort.

La *Frankfurter Zeitung*, du 25 février, s'exprime comme
suit :

Le comte P. de Leusse prône un moyen de réconcilier les
deux nations, la France et l'Allemagne ; ce qu'il propose c'est la paix entre les peuples, la paix sociale grâce à
une monarchie chrétienne, la paix économique, moyennant
une union douanière que les premiers inventeurs, V. de
Kaufmann, G. de Molinari et l'alsacien Bergmann, avaient
sans doute imaginé d'une toute autre manière que le comte
impérialiste.

La brochure néanmoins mérite d'être lue, elle nous montre,
dans tous les cas, le chemin que certaines idées cosmopo-
lites ont fait, même dans des têtes qu'on pourrait supposer
fermées à tout internationalisme.

Le *Berliner Bœrsen Courier*, du 1er mars, s'exprime
ainsi :

L'Australie inspire à l'auteur une terreur irrémédiable; à
l'en croire, la France ne comptera plus que douze, l'Allemagne que quinze millions d'habitants; les propriétaires
fonciers feront faillite ; la civilisation sera ensevelie à moins
que l'on ne défende contre l'Australie l'agriculture franco-
allemande par une muraille douanière.

Tout cela est dit avec le plus grand sérieux ; l'auteur est, du reste, un homme très sérieux qui ne s'occupe pas de bagatelles.

Il n'est pas seulement préoccupé du sort des agriculteurs, il voudrait aussi venir en aide aux ouvriers et à l'industrie. L'union douanière européenne, une sorte de toute puissance économique, n'aura qu'à décréter et la misère sera expatriée.

En terminant son œuvre le prophète élève sa voix encore une fois pour avertir et déclarer, à la face des rois de l'Europe, que l'on se trompe si l'on imagine que la France seule sera dévorée par ce feu révolutionnaire, qu'on se plaît à y entretenir.

Car la France (et c'est là le fin mot de l'histoire) doit redevenir honnête et monarchiste ou du moins conservatrice avant qu'elle soit capable de conclure des alliances, et que l'union douanière soit possible.

C'est en effet là une chose très fort à désirer.

La *Danziger Zeitung*, du 6 mars, dit :

Le comte de Leusse nous décrit les suites désastreuses de l'importation des produits agricoles en Europe de façon à réjouir le cœur de tous les Agrairiens qui, en Allemagne, pensent comme lui.

Mais si sur cette question il se met sur le même terrain qu'eux, il juge que le socialisme menace bien plus l'Allemagne que la France où l'on en sera bientôt maître.

Comme remède, le Comte recommande un remède qui, certes, peut passer pour original mais qui n'en mérite pas moins beaucoup d'attention.

Sans nous enthousiasmer pour le projet de l'auteur, il nous faut avouer que l'idée d'une union économique plus intime avec la France nous est sympathique.

Nous avons appris à connaître dans notre patrie les effets heureux d'une union douanière, malheureusement nous devons ajouter que, vu l'état de choses actuel, il ne faut plus songer à mettre en pratique de pareilles idées.

La *Gazette de Cologne*, du 18 mars 1888, dit :

Cette brochure a été publiée à Strasbourg, parce que, à

ce qu'il paraît, il y aurait eu des inconvénients à la faire paraître en France.

Le sombre tableau de l'avenir qui y est tracé rappelle des idées analogues exposées par le marquis de Flers, dans une brochure, le comte de Paris. Ainsi une restauration monarchique nous est représentée comme nécessaire non seulement au point de vue de la France, mais encore à celui de l'Allemagne.

Il eût été bien plus simple d'en appeler, pour fonder une paix durable, à ce besoin de repos et de recueillement que ressentent si profondément toutes les couches de la population française.

Les intentions de l'auteur sont dissimulées, son exposition est aphoristique, assez mal étayée, quoiqu'on y surprenne de temps en temps des détails fort intéressants.

Le seul résultat de cet écrit en Allemagne pourrait bien être d'y inspirer de l'estime pour la personne de l'auteur qui a osé dire à ses compatriotes de dures vérités.

Si la France veut répondre au désir de l'Allemagne de maintenir la paix, on n'aura pas besoin pour cela de l'union douanière.

La *Frankfurter Zeitung,* du 18 mars, dit :

Nous revenons sur cette brochure pour en faire ressortir la très importante idée fondamentale.

Et après un résumé très complet de mon travail, elle conclut ainsi :

Tout cela est fort bien pensé et non moins bien motivé, si l'on en excepte quelques exagérations. Malheureusement, l'auteur n'a pas su indiquer un moyen pour faire cesser l'inimitié actuelle entre la France et l'Allemagne et la changer en union douanière.

Le *Leipziger Tageblatt,* du 19 mars, dit :

C'est une belle *utopie* malheureusement irréalisable, dont nous ne faisons mention que parce que nous avons vu là un des rares cas où un Français parle sérieusement en faveur de la paix avec l'Allemagne.

La *Landes Zeitung d'Alsace* dit :

Qu'on pense comme l'on voudra sur la restauration des d'Orléans, de même que sur les avantages d'une union douanière franco-allemande, il n'en est pas moins vrai que les Allemands accueilleront avec sympathie l'idée-maîtresse de la brochure qui est d'amener une réconciliation sincère entre la France et l'Allemagne, prenant pour point de départ le traité de Francfort.

L'*Œstreichische Revue*, du 25 mars, dit :

La Revue a déjà parlé d'une brochure dans laquelle le comte de Leusse, ancien député français, examine comment on pourrait arriver à la paix par une union douanière franco-allemande.

La presse conservatrice *s'en est, à juste titre, beaucoup occupée*, car cette brochure pivote sur cette idée, digne de toute notre attention, que c'est le devoir des gouvernements de remédier au mouvement économique qui menace de ruiner l'agriculture de tous les pays de l'Europe.

Ils devraient, en face de la crise agricole si grave, s'entendre et agir de concert avant que la ruine des populations des campagnes soit un fait accompli.

L'auteur, qui fait cette proposition dans de si bonnes intentions, est malheureusement bien isolé dans une République aussi chauvine que celle qui règne en France.

Mais son idée mérite certainement d'attirer l'attention des personnalités influentes des deux pays.

Aussi nous recommandons beaucoup sa brochure à tous ceux qui s'intéressent à ces questions.

L'auteur, d'ailleurs, a suivi une marche opposée à celles préconisées par notre revue.

Selon lui, la France et l'Allemagne devraient conclure d'abord une union douanière, l'Autriche et les autres États pourraient y accéder ensuite.

Nous, au contraire, nous prétendons que l'Allemagne et l'Autriche, qui sont déjà des alliées politiques et qui ont mille intérêts économiques communs, devraient d'abord former une confédération douanière à laquelle il serait loisible aux autres États de se joindre plus tard.

CHAPITRE V

Je veux, en terminant mon travail, faire deux remarques :

La presse allemande, qu'elle soit officielle ou même de l'opposition, reflète peu ou point l'opinion publique comme en Angleterre, en France, aux États-Unis.

Elle prépare surtout cette opinion à entrer, dans des voies où *on* veut la conduire.

Il ne faut pas juger l'opinion de nos voisins par leurs articles de journaux. Il faut pour la connaître vivre chez eux, causer avec eux, entretenir des relations personnelles et privées qui seules vous donnent l'état vrai des esprits en Allemagne.

C'est ainsi que mes conversations et ma correspondance avec des hommes influents, que je n'ai malheureusement pas le droit de nommer, me prouvent que ma première brochure a fortement ému les hommes d'État ou les économistes qui se préoccupent sérieusement des problèmes économiques et sociaux de notre époque.

Je lisais dernièrement, dans le *Berliner Tageblatt*, le toast suivant qu'a prononcé à Berlin le professeur *Virchow*, à la clôture d'un congrès scientifique :

Nous autres, Allemands, avons aussi été chauvins lorsque nos empereurs ont voulu régner sur toute la terre. Nous l'avons expié durement jusqu'aux horreurs de la guerre de Trente ans. Le chauvinisme peut encore provisoirement se ranimer, mais l'histoire nous apprend que nous ne devons pas désirer le bien d'autrui, *et nous ne le voulons pas non plus. Si les autres nations nous laissent en paix, nous resterons décidés à travailler en paix.*

Partout, et même en haut lieu, on m'a remercié de ma campagne pacifique et utilitaire et on m'a dit : continuez cette entreprise et ne vous laissez influencer ni par vos chauvins ni par les nôtres.

4

Il y a, en Allemagne, dans toutes les classes de la société, un très vif désir de vivre en paix, de s'entendre avec la France et de ne pas recommencer une lutte formidable dont l'issue est incertaine.

Si, une bonne fois, au lieu de verser continuellement de l'huile sur le feu et de s'étonner ensuite qu'il flambe, on voulait essayer de s'entendre *d'abord* sur les points où l'instinct des deux peuples est commun, nous sentirions bientôt un vent de calme succéder au vent de haine qu'on ne cesse de nous souffler de tous les côtés.

Quand une foule de barrières matérielles et morales seraient tombées entre les deux nations, les esprits y seraient bien mieux préparés à une entente plus complète.

Commençons donc par le commencement, par ce qui nous unit.

Et ceci m'amène à ma deuxième et dernière observation :

Ma première brochure était, je l'accorde, aussi politique qu'économique.

Cette seconde brochure, on me rendra cette justice, ne renferme pas, *venant de moi, un mot de politique.* C'est qu'elle s'adresse à un public spécial, celui des agriculteurs et des économistes, et que la question domine et dépasse nos luttes politiques journalières. J'ai dû cependant mettre sous les yeux de mes lecteurs les appréciations des journaux pour qu'ils voient ce qu'en pense l'opinion publique.

Je devais cette explication aux Membres de la Société des Agriculteurs de France, auxquels je m'adresse spécialement, et qui ont eu le bon esprit de suivre le conseil de notre éminent fondateur : *Ne faites jamais de politique dans la Société.* Ils peuvent donc se rallier à mes idées à quelque parti qu'ils appartiennent.

Je crois, d'ailleurs, que nous arrivons en France à un moment où les questions politiques vont passer au second rang pour laisser au premier les questions économiques et sociales.

Mon travail était terminé depuis longtemps quand le télégraphe nous a appris la révolution du Brésil.

L'avenir prouvera certainement que cette révolution a été, pour une forte part, l'œuvre de l'intervention occulte, mais puissante, des États-Unis de l'Amérique du Nord.

Le nom d'États-Unis du Brésil, la forme du drapeau, tout prouve que l'on veut, au sud de l'Équateur, imiter la grande République du Nord qui, sans doute, fait les fonds de l'opération.

Je ne veux point étudier ici quelles seront les conséquences politiques de cette révolution en Amérique et en *Europe*, mais les conséquences économiques sautent aux yeux.

La tentative d'union douanière de M. Blaine, à peine dissimulée sous l'apparence d'un congrès pour l'unification des poids, mesures et monnaies, va pouvoir s'effectuer rapidement entre Républiques sœurs.

Le continent américain syndiqué du cap Horn à la baie d'Hudson, va former un monde nouveau à part, qui nous inondera de ses denrées produites à vil prix et qui se fermera aux produits manufacturés de l'Europe.

L'industrie des Yankees, surexcitée par le monopole de l'énorme marché des États de l'Amérique du Sud, prendra un essor immense.

Leur agriculture prospère nous expédiera plus que jamais ses grains, son tabac et ses autres denrées, et nous souffrirons plus tôt et plus fort que je ne le prévoyais, si nous, à notre tour, nous ne nous unissons pas en Europe pour conserver au moins notre propre marché.

Comment, en effet, lutter sur le terrain économique avec des gens qui n'ont ni armées ni impôts ?

Disons-nous le bien, nous allons *très vite* à la ruine des propriétaires du sol, puis à celle des industriels, puis à la banqueroute des États, et, pour finir, à la dépopulation de l'Europe et à son retour à la barbarie.

Chalon-sur-Saône. — Typ. et Lith. L. Marceau

Original en couleur

NF Z 43-120-8

www.ingramcontent.com/pod-product-compliance
Lightning Source LLC
Chambersburg PA
CBHW071006280326
41934CB00009B/2188